¡Hang ten!

SURF

T0136527

Christine Dugan, M.A.Ed.

Consultores

Dr. Timothy Rasinski
Kent State University

Lori Oczkus
Consultora de alfabetización

Mike Featherston
Surfista

Basado en textos extraídos de *TIME For Kids*. *TIME For Kids* y el logotipo de *TIME For Kids* son marcas registradas de TIME Inc. Utilizados bajo licencia.

Créditos de publicación

Dona Herweck Rice, *Jefa de redacción*
Lee Aucoin, *Directora creativa*
Jamey Acosta, *Editora principal*
Lexa Hoang, *Diseñadora*
Stephanie Reid, *Editora de fotografía*
Emily Engle, *Autora colaboradora*
Rachelle Cracchiolo, *M.S.Ed.*,
   Editora comercial

Créditos de imágenes: tapa, pág.1 Corbis; pág.48 Christine Dugan; págs.6–7, 18–19, 28 (izquierda), pág.32 Getty Images; págs.7 (abajo), 9 (ilustración), 11, 19–21, 33 (abajo), 37, 48 (abajo) Timothy J. Bradley; págs.16–17 iStockphoto pág.6 (abajo) EPA/Newscom; pág.25 (arriba) EPA/Newscom; pág.29 (arriba), 30–31 ZUMA Press/Newscom; todas las demás imágenes de Shutterstock.

Teacher Created Materials
5301 Oceanus Drive
Huntington Beach, CA 92649-1030
http://www.tcmpub.com
ISBN 978-1-4333-7064-9
© 2013 Teacher Created Materials, Inc.

Tabla de contenido

¡Arriba con el surf!

Un surfista entra a mar abierto con su tabla de surf. Olas suaves pasan cerca de él. El surfista se sienta y espera. Finalmente, el surfista toma una ola y se deja llevar por ella hasta la orilla. Este es el momento que un surfista espera y sueña todas las noches. De esto se trata el deporte del surf. Los surfistas nunca saben qué tipo de olas tendrán para montar. La **incertidumbre** es parte de la diversión.

PARA PENSAR

¿Crees que estás listo para intentar surfear? Esto es lo que necesitarás saber:

- cómo no exagerar con las destrezas de seguridad del surf
- dónde encontrar los puntos de surf más calurosos alrededor del mundo
- cómo las matemáticas pueden ayudarte a evitar una caída y maximizar la adrenalina

Aceptar el desafío

Los surfistas utilizan unos elementos especiales para entrar a mar abierto. Por supuesto, la tabla es el elemento primordial del equipo. Las tablas de surf vienen de diferentes largos. Pueden estar hechas de materiales distintos. En la actualidad, las tablas más populares están hechas, mayormente, de un material de espuma densa.

En los climas más fríos, los surfistas necesitan usar un **traje de neopreno**. Este traje ajustado los protege del agua fría y mantiene el cuerpo templado. Algunos surfistas también usan botas, capuchas y guantes para no enfriarse en el agua. Mientras más vestimenta tenga el surfista para mantener el calor corporal, más tiempo él o ella podrá practicar surf. En los lugares más cálidos, los surfistas solo necesitan usar un traje de baño. Antes de partir, los surfistas colocan parafina en la parte superior de sus tablas. La parafina ayuda a evitar que los surfistas se resbalen de la tabla.

Diseños extremos

En la actualidad, las tablas de surf son tablas de alta tecnología y alto rendimiento. Por lo general, se hacen de espuma de **poliuretano** y se recubren con un paño de **fibra de vidrio**. A los surfistas les encanta fijarse en los últimos diseños y encontrar nuevas formas de montar la próxima ola imponente.

Hay variedad de tamaños y materiales en trajes de neopreno.

Quillas muy buenas

Quilla *glass-on*
Estas quillas están unidas a la tabla de surf con fibra de vidrio.

Quilla desmontable
Estas quillas se desatornillan de la tabla y se pueden cambiar.

Quilla flexible
Esta quilla suave y flexible es más segura ya que no cortará al surfista si él o ella se cae de la tabla.

La ola perfecta

Por lo general, los surfistas tienen una **estrategia** para ponerse en marcha en el agua. Lleva tiempo observar y predecir las olas. Los surfistas deben aprender a ser previsores sobre la forma en que montarán la ola que se acerca. A veces, se quedan parados en la playa y solo miran el océano antes de meterse.

Un surfista entra al mar y va hacia el punto de surf. Luego, es momento de sentarse en la tabla y esperar una ola. Un surfista empieza a montar una ola cuando dirige la punta de la tabla hacia la playa y luego rema para intentar igualar la velocidad de la ola. Luego el surfista se pone de pie. La corriente de la ola mueve la tabla hacia adelante. El surfista intenta mantenerse de pie la mayor cantidad de tiempo posible para seguir montando la ola. Los surfistas pueden montar una docena de olas en una sesión de dos horas.

Corriente de resaca peligrosa

Los surfistas necesitan estar atentos a las corrientes peligrosas cerca de las olas. La **corriente de resaca**, generalmente llamada *contracorriente*, es un fuerte canal de agua. Puede arrastrar a la gente desde la playa. Los surfistas o los nadadores deberían nadar **paralelos** a la playa para salir de la corriente de resaca.

Rescates audaces

Alrededor del 80 por ciento de todos los rescates en el agua en las playas guardan relación con la corriente de resaca. Si 1 playa tiene 220 rescates en 1 año, ¿cuántos de esos rescates estarían relacionados con las corrientes de resaca?

escape

escape

corriente de resaca

corriente

Montando el tubo

Los surfistas usan todas las partes de la ola. Primero, comienzan cayendo en la **cara** de la ola. A veces, se la llama *pared*. Luego, el surfista se mueve hacia la **base** de la ola. Esta es la parte más baja entre dos olas.

La mejor parte de la ola es el **tubo**, o cañón, que es la parte hueca de la rompiente. Es el espacio entre la cara de la ola y la **salida** de la ola cuando se ondula. Cada surfista sueña con un tubo largo para montar.

La salida de la ola es la parte superior de la rompiente. Aquí es donde muchos surfistas intentan nuevos trucos y **maniobras**. Recientemente, algunos surfistas han estado trabajando para hacer un *kickflip* mientras practican surf. Esto significa que el surfista salta fuera del agua ¡y hace que la tabla dé un giro completo!

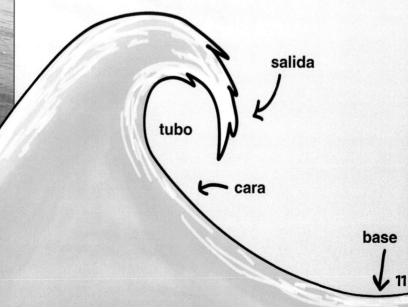

salida

tubo

cara

base

Trucos del oficio

Un surfista puede tomar muchos tipos diferentes de olas. ¡Lo importante es lo que hacen con ellas! Los surfistas pueden hacer muchos trucos. Uno de los trucos se denomina **aéreo**. En este movimiento, ambos, el surfista y la tabla, dejan la superficie del agua. El *carving* es un movimiento básico. En este movimiento, el surfista gira en la ola. En un *slash* el surfista gira rápidamente en lo alto de la ola, y salpica hacia atrás. Un movimiento que ningún surfista quiere hacer es una caída. ¡Esto es cuando el surfista se cae de la tabla!

La longitud de onda es la distancia entre dos crestas.

Cresta de la ola

Cresta de la ola

Altura de la ola

Base de la ola

Golpeado por las olas

La **longitud de onda** es la cantidad de segundos entre la cresta de una ola y la siguiente. Algunas olas están agitadas. Por lo general, hay solo de tres a ocho segundos entre crestas de olas. Las olas más grandes pueden formar **tsunamis**. Estos períodos de olas pueden durar horas.

No exagerar

Derribado por una ola

Los surfistas novatos deben ser cuidadosos. Las olas pequeñas pueden ser bruscas. Un pie cúbico de agua pesa 62 libras aproximadamente. (Un pie cúbico es el volumen de un cubo con lados que miden 1 pie). Hay 27 pies cúbicos en 1 yarda cúbica. ¡Esto significa que una yarda cúbica de agua pesa 1,674 libras! El agua no es sólida, pero puede pegarle a un surfista.

El surf requiere mucha práctica. Esto es verdad para la mayoría de los deportes y otras actividades. Con paciencia, mucho trabajo y tiempo con un entrenador, ¡esto dará buenos resultados!

Quedarse de pie

Los surfistas novatos trabajan duro para estar en sus tablas. Ellos trabajan el equilibrio en el agua. Tratan de dar vuelta las olas. El objetivo principal es montar una ola paralela a la playa. Si es más rápido y más largo, es más emocionante.

A medida que los surfistas se sienten más cómodos en el agua, prueban diferentes trucos y técnicas. Descubren diferentes maneras de usar las olas y mantenerse de pie por más tiempo. Los surfistas también hacen el *cut back* en las olas. Este es un truco en el que hacen resaltar su control.

¿Tabla larga o tabla corta?

Las tablas de surf vienen en diferentes tamaños y longitudes. Las tablas largas miden alrededor de ocho ó nueve pies de largo. Las tablas cortas miden seis ó siete pies de largo. El ancho y el grosor de una tabla son importantes también. Los surfistas novatos pueden practicar surf en una tabla más corta si es lo suficientemente ancha y gruesa. Los surfistas deben considerar su propia altura y peso antes de comprar una tabla.

Las tablas cortas son más nuevas en la escena del surf y son fáciles de maniobrar.

Las tablas cortas hacen que sea más fácil cortar las olas y realizar diferentes trucos.

La tabla para ir de rodillas inspiró el diseño de las tablas cortas a fines de la década de 1960.

La tabla larga tiene la forma y el tamaño tradicional de las tablas de surf.

Las tablas largas modernas están diseñadas para girar tan fácilmente como con las tablas cortas.

Las tablas largas son una muy buena opción para principiantes.

De acuerdo a la tabla, si un surfista pesa 145 libras, ¿qué tamaño de tabla tendría que usar?

Peso del surfista (libras)	Longitud de la tabla de surf (pulgadas)
100–140	6'2"–6'4"
140–160	6'4"–6'6"
160–180	6'6"–6'10"
180–200	6'10"–7'4"
200+	7'4"+

Antes de tratar de montar una ola, los surfistas novatos pueden practicar en tierra seca. Pueden ponerse en posición horizontal sobre su estómago y luego empujar o saltar hasta quedar de pie en la tabla. Hacer esto ayuda a los músculos a saber lo que hay que hacer cuando entren al agua.

¡Arriba con el surf!

Los nuevos surfistas deben aprender a observar el océano y encontrar el mejor momento y lugar para practicar surf. No hay dos olas iguales y el punto de surf es diferente todos los días.

Los surfistas buscan el mejor tipo de olas para poder montarlas de manera segura. Practicar surf en olas peligrosas e incluso desafiantes nunca es una buena idea. Algunas olas son demasiado grandes. La seguridad es la prioridad.

Algunos lugares tienen mejores olas en ciertas épocas del año. Los informes de surf le cuentan a la gente acerca de las **crecidas** y la dirección.

60 pies

nivel del agua cuando está quieta

¡Más amplitud!

En el surf, la **amplitud** de una ola es la distancia vertical desde el nivel del agua cuando está quieta hasta la cresta de la ola. La distancia es aproximadamente la mitad de la altura de una ola. Si la altura de una ola grande es de 60 pies, ¿cuál es la amplitud de esta ola?

En busca de la ola perfecta

Muchos surfistas confían en dos fuentes cuando buscan la ola perfecta. El informe de surf les proporciona a los surfistas detalles sobre las olas. Los surfistas también usan calendarios que muestran el horario esperado para el atardecer y el amanecer de un día determinado.

El informe completo

El informe de surf es útil para los surfistas. Les proporciona información para ayudarlos a tener una gran sesión de surf. Pueden revisar la temperatura del aire y del agua. Los surfistas también se enteran de qué tan grandes están las olas ese día.

lunes

60°	11 pies	70°
		7.5 pies
3 pies	3 pies	
olas más bajas	olas más altas	olas más bajas / olas más altas

altura de la ola (pies)

Venice Beach, Estados Unidos   **Perth, Australia**

Planéalo

Observa el calendario que se muestra a continuación. Fíjate la hora en que el sol saldrá y se pondrá. ¿A qué hora necesitarías estar en el agua si quieres tener una sesión de 60 minutos de surf antes del atardecer el martes?

Honolulu, Hawái

domingo	lunes	martes	miércoles	jueves	viernes	sábado
amanecer	amanecer	amanecer	amanecer	amanecer	amanecer	amanecer
7:09 a. m.	7:09 a. m.	7:09 a. m.	7:09 a. m.	7:09 a. m.	7:09 a. m.	7:09 a. m.
atardecer	atardecer	atardecer	atardecer	atardecer	atardecer	atardecer
6:00 p. m.	6:00 p. m.	6:00 p. m.	6:00 p. m.	6:00 p. m.	6:00 p. m.	6:00 p. m.

68°

4 pies

2 pies

olas
más bajas

olas
más altas

Jeffrey's Bay, Sudáfrica

Volviéndose mundial

El punto óptimo

California Dreamin'

En algunas partes del norte de California, la temperatura del agua del océano es muy fría. Los surfistas generalmente usan trajes de neopreno. El sur de California ofrece puntos de surf famosos como Malibu y Huntington Beach.

Del lado del Pacífico

Muchas de las playas de surf más famosas del mundo se encuentran en el océano Pacífico. Atraen multitudes. Muchas de estas playas no son las mejores para principiantes. Sin embargo, los surfistas más experimentados las disfrutan.

La gente disfruta del surf en todo el mundo, en todos los diferentes tipos de playas. A los surfistas también les encanta viajar a las playas que tienen las mejores olas. Las playas de Australia y Hawái son muy populares. Las olas pueden desafiar incluso a los surfistas experimentados. Sin embargo, el agua es cálida ¡y así es como les gusta a los surfistas!

El este conoce al oeste
Asia y Australia también son puntos de surf populares.

Surf africano
Sudáfrica es el hogar de uno de los mejores puntos de surf del mundo. Los surfistas sueñan con la posibilidad de practicar surf en Jeffrey's Bay.

La actitud

Los surfistas de todo el mundo montan olas en diferentes playas. Practican surf en las mejores olas en diferentes épocas del año. Todos los surfistas comparten el amor por el océano, la playa y el surf. Pertenecen a un pequeño grupo de gente que comparte el mismo interés. Pertenecen a la **cultura** del surf.

La cultura del surf está **representada** de maneras únicas. La gente ve a los surfistas en las películas y en programas de televisión. Oyen acerca de la vida en la playa en la música. Un cierto tipo de persona a menudo se muestra como surfista. Esta persona tiende a tener una actitud relajada. Para un día en la playa, los surfistas a menudo usan bermudas y sandalias, aun si no caminan por la arena. Se muestran como gente que disfruta de las cosas simples de la vida, como el surf. Diferentes clases de personas practican surf, pero tienen una imagen similar.

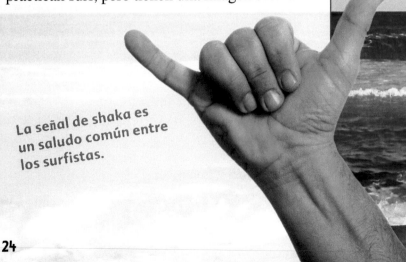

La señal de shaka es un saludo común entre los surfistas.

¿Practicar surf por el oro?

El surf nunca estuvo en las Olímpiadas. Sin embargo, hay gente que dice que debería estar. El problema es que para tener surf, debe haber olas. No todos los países anfitriones de las Olímpiadas tienen grandes playas.

Diccionario de surf

Los surfistas definitivamente tienen una **jerga** o idioma, hecho por ellos mismos. Aquí hay algunas de las palabras que dicen los surfistas en la playa o en las películas.

avivado: ser muy feliz

bomba: surfear una gran ola

cool: popular

enfermo: de calidad superior

hang loose: tomar algo con calma

hang ten: montar una tabla de surf con los dedos de ambos pies curvados hacia el borde frontal

montar con la punta: montar una ola estando de pie en el frente (o punta) de la tabla de surf

ollie: saltar en el aire cuando se está practicando surf, manteniendo los dos pies en la tabla

quillas: unidas a una tabla de surf para hacerla más estable en el agua

rasgar: hacer muchos movimientos
   impresionantes mientras se monta una ola

retorcido: intenso

se lo comió: chocó

tipo: un amigo o una persona amigable

totalmente: ¡sí!

tow-in: cuando un surfista es llevado por
   un bote o una moto de agua hacia olas
   grandes; utilizado cuando las olas son
   demasiado grandes para entrar al agua

Going Hollywood

Las películas de surf son muy famosas. En la década de 1950 y 1960, las películas de surf eran especialmente populares. Esas películas muestran lo que es ser un surfista y pasar tanto tiempo en la playa. A estas películas a menudo se las llama *beach party films*. Algunas incluían música.

Gidget era un personaje famoso de películas y programas de televisión. Gidget era una joven que amaba el surf. Ella creció yendo a la playa. Estas historias mostraban sus aventuras durante su crecimiento.

El papel de Gidget fue interpretado por varias actrices, incluso Sally Field.

El verano sin fin

The Endless Summer

En 1966, se lanzó la película *The Endless Summer*. Se trataba de dos surfistas que recorrían el mundo en busca de la ola perfecta. Muchos surfistas sueñan con la oportunidad de atrapar olas buenas y buen clima alrededor del mundo. ¡Un "verano sin fin" sería grandioso!

La ciencia del surf

A pesar de que la película *The Endless Summer* se trata de pasar un excelente momento practicando surf, la idea de un verano sin fin está basada en la ciencia. Cuando la Tierra viaja alrededor del Sol, está inclinada. Durante medio año, el hemisferio sur está inclinado hacia el sol, por lo que es verano allí. Al viajar entre el hemisferio norte y el hemisferio sur cuando las estaciones cambian, ¡alguien puede tener en realidad un verano sin fin!

Allí para ganar

Los surfistas pueden practicar surf solo para divertirse. O pueden vivir una vida que gire alrededor del surf. Algunos incluso lo practican para ganar dinero. Algunos surfistas son lo suficientemente talentosos como para competir en concursos de surf. Practican sus destrezas durante muchos años.

Los hombres y las mujeres trabajan mucho para ganar las competencias de surf. Quieren ser reconocidos como el surfista que pudo montar las olas más grandes e intensas. Muchos de los concursos son famosos. Se emiten por televisión y ofrecen premios en efectivo. Las competencias de surf usualmente se llevan a cabo en los lugares que tienen las olas más desafiantes.

Mavericks buscada

Una de las competencias de surf más emocionantes se lleva a cabo en *Mavericks*, en el norte de California, todos los años. El concurso se lleva a cabo en días diferentes cada año. Los organizadores esperan las mejores olas. A los surfistas se les da 24 horas para ganar este increíble concurso.

Venciendo las probabilidades

Algunos surfistas continúan en el agua luego de lesiones o accidentes difíciles. Una surfista reconocida, Bethany Hamilton, perdió su brazo cuando la atacó un tiburón mientras practicaba surf. Se cuenta su historia en la película y en los libros populares *Soul Surfer*.

¡Caída!

SOS

Algunas maneras de mantenerse a salvo al practicar surf tienen que ver solo con el sentido común. Los surfistas deberían usar pantalla solar, estar atentos a las inclemencias del tiempo y saber primeros auxilios básicos.

El surf es un deporte emocionante, pero puede ser peligroso. Los surfistas necesitan hacer elecciones seguras para evitar lesiones. Una manera para que los surfistas estén a salvo es prestar atención a las señales y a las advertencias en la playa. A veces, una bandera flameará en la playa. La bandera advierte a los surfistas sobre un peligro potencial. El peligro puede ser un surf fuerte o un tiburón. Los surfistas también se pueden lesionar con coral. Ellos deberían saber siempre en qué lugar del agua se encuentran los demás. Los surfistas deberían evitar las colisiones.

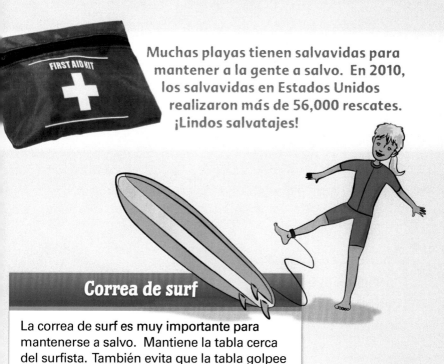

Muchas playas tienen salvavidas para mantener a la gente a salvo. En 2010, los salvavidas en Estados Unidos realizaron más de 56,000 rescates. ¡Lindos salvatajes!

Correa de surf

La correa de surf es muy importante para mantenerse a salvo. Mantiene la tabla cerca del surfista. También evita que la tabla golpee a alguien más y le cause alguna lesión.

Bandera del día

Los salvavidas usan banderas para indicarles a los surfistas cómo está la playa cada día. Aquí se indica cómo leer estas señales importantes.

Condiciones seguras

Peligro moderado

Peligro extremo

No se permite practicar surf

Precauciones

Hay otras precauciones para tomar en la playa. Si se vio un tiburón en las cercanías, habrá una señal para prevenir a la gente en la playa. Es importante prestar atención a todas estas señales.

Playa cerrada al público

Presencia de animales marinos peligrosos

¡ALTO! PIENSA...

- ¿Por qué crees que se usaron estos colores para los diferentes tipos de banderas?

- ¿Qué otras banderas de señalización crees que serían útiles para mantener a la gente a salvo?

- ¿Crees que los surfistas son más valientes que otros atletas?

Disputa de territorio

Los surfistas deben compartir el agua con otros. A veces, compartir el espacio significa que los surfistas pelean por su territorio. Algunos surfistas creen que no son bienvenidos en áreas "reclamadas" por otros.

Compartiendo el surf

Los surfistas comparten el océano con muchas plantas y animales. La mayoría de los surfistas tienen un gran respeto por el océano. Ellos entienden por qué un ambiente acuático saludable es importante. Ellos quieren mantener las playas limpias para todos. Después de todo, ¡los surfistas quieren nadar en agua limpia y hermosa! El amor por el surf puede llevar a un surfista a apreciar el medio ambiente. La *Surfrider Foundation* es un grupo formado por surfistas. El grupo trabaja para proteger nuestras playas y el océano. También trabajan sobre la contaminación y

Ataques de tiburones

Durante una salida de surf, puede ocurrir un ataque de un tiburón. Sin embargo, dicho ataque es extremadamente improbable. ¡Fíjate en estas probabilidades!

Probabilidad de morir en un ataque de un tiburón	alrededor de 1 en 1,000,000
Probabilidad de ser golpeado por un rayo	1 en 775,000
Probabilidad de convertirse en un atleta profesional	1 en 20,000
Probabilidad de hacer hoyo en uno en el golf	1 en 12,500
Probabilidad de ser lastimado por una cortadora de césped	1 en 3,600

Máxima
adrenalina

Los surfistas siempre buscan maneras de montar olas más grandes. Sin embargo, algunas olas son tan grandes que un surfista no puede remar lo suficientemente rápido como para alcanzarla. Esto se denomina surf *tow-in* e implica que el surfista será remolcado por una moto de agua hacia la cara de la ola. La velocidad hace que los surfistas puedan entrar en olas más grandes que nunca.

La historia del surf

Los polinesios llegan a las islas de Hawái y traen con ellos la costumbre del surf.

Siglo IV

El escritor Mark Twain navega hacia las islas de Hawái e intenta practicar surf.

1866

Se informa por primera vez acerca del surf en California.

1885

El famoso surfista Duke Kahanamoku gana una medalla de oro olímpica en natación y le presenta al mundo el deporte del surf.

1912

Se funda el *Hawaiian Outrigger Canoe Club,* un club de playa para montar olas.

1908

El surf comienza a expandirse en California.

1950

Más mujeres disfrutan del surf.

1960

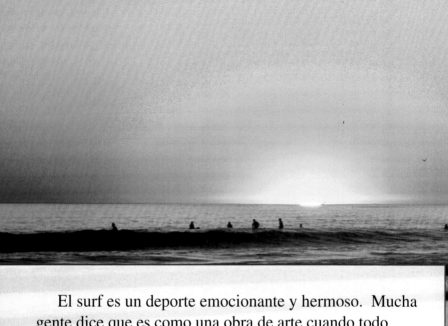

El surf es un deporte emocionante y hermoso. Mucha gente dice que es como una obra de arte cuando todo se junta de la manera correcta. Todo lo que se necesita para un día perfecto de surf es un cielo azul claro, sol y olas golpeando en la arena. Los surfistas disfrutan los placeres simples de montar olas. Muchos de ellos siempre están pensando en el surf. No importa lo que hagan, ellos quieren regresar al agua. El surf nos enseña acerca de las emociones simples de la vida. Y movernos en el océano nos hace sentir vivos de una manera completamente nueva.

"Fuera del agua
no soy nada".
—Duke Kahanamoku,
surfista legendario

USA 37

DUKE KAHANAMOKU
2002

Glosario

aéreo: cuando el surfista y la tabla saltan en el agua

amplitud: distancia vertical de una ola desde el nivel del agua cuando está quieta hasta la cresta de la ola

base: la parte más baja entre dos olas

cara: la parte de la ola que está intacta, a veces llamada la pared de la ola

carving: cuando un surfista gira sobre la ola

corriente de resaca: un fuerte canal de agua que puede arrastrar a la gente desde la playa; a menudo se la llama *contracorriente*

crecidas: la altura promedio de las olas que están cerca de la playa

cultura: un conjunto particular de actitudes o prácticas compartidas por un grupo de gente

cut back: cuando un surfista regresa hacia la onda de la ola

estrategia: un plan de acción para alcanzar un objetivo

fibra de vidrio: material hecho de fibras finas de vidrio

incertidumbre: algo que no es fácil de prever

jerga: un conjunto especial de palabras utilizadas por un grupo de gente

longitud de onda: la distancia entre dos crestas de ola

maniobras: movimientos o acciones planeadas

paralelos: dos líneas u objetos que están siempre a la misma distancia separadas y que nunca se juntan

poliuretano: material con la elasticidad de la goma y la durabilidad del metal; puede ir desde una goma suave hasta una bola de *bowling* dura

representada: descripta o interpretada de una determinada manera

salida: la parte superior de una ola donde comienza a romper

slash: cuando un surfista gira rápidamente en la parte superior de una ola

traje de neopreno: traje de goma que usan los surfistas para mantener el calor corporal

tsunamis: olas muy grandes causadas por movimientos en la Tierra o por la actividad volcánica

tubo: la parte hueca de una ola, a menudo llamada *cañón*

índice

Bibliografía

Alderson, Alf. Surfing: A Beginner's Guide. 2nd ed. John Wiley & Sons, 2008.

Aprende sobre seguridad, equipos, dónde practicar surf y algunos consejos para la técnica del surf en este gran libro para principiantes.

Crowe, Ellie. *Surfer of the Century: The Life of Duke Kahanamoku.* **Lee & Low Books, 2007.**

Averigua más acerca del surfista y nadador olímpico Duke Kahanamoku en este libro con hermosas ilustraciones. Aprende sobre su vida antes y después de su éxito.

Green, Naima. *Surfing: Rules, Tips, Strategy, and Safety.* **The Rosen Publishing Group, Inc., 2005.**

El surf puede ser muy divertido, pero también necesitas saber cómo mantenerte a salvo. Este libro te enseñará a estar a salvo cuando practicas surf.

Mason, Paul. *Ocean in Motion: Surfing and the Science of Waves.* **Capstone Press, 2009.**

Aprende sobre la ciencia que hay detrás del surf cuando descubras cómo los surfistas montan olas, de dónde vienen las olas y más.

Más para explorar

Surfing Handbook
http://www.surfinghandbook.com/

Mantente al día con las noticias y la información acerca del surf en esta página. Se incluye información sobre próximas competencias, perfiles de los surfistas y consejos sobre trucos.

Ten Minutes to the Secret of Surfing
http://www.watertrader.co.uk/magazine/tutorials/surfing/index.htm

Aprende todas las bases del surf, incluso qué tabla elegir y qué hacer si te caes.

Surfrider Foundation
http://www.surfrider.org

La página de la *Surfrider Foundation* cuenta sobre la organización, su misión y sus objetivos, y cómo ayudar a proteger nuestros océanos y playas.

Surf Reports
http://www.surfline.com/surf-cams-and-reports

Este sitio tiene una lista de condiciones y lugares de surf en todo el mundo. Simplemente has un clic en cualquier lugar de la lista para ver las condiciones que hay allí.

Acerca de la autora

Christine Dugan se graduó en la Universidad de California, San Diego. Fue maestra de escuela primaria durante varios años antes de tomar la decisión de aceptar un desafío diferente en el ámbito de la educación. Ha trabajado como desarrolladora de producto, escritora, editora y asistente de ventas para varias editoriales educativas. En los últimos años, Christine obtuvo una maestría en educación y actualmente trabaja como autora y editora independiente. Vive con su marido y sus dos hijas en la costa noroeste del Pacífico, donde le apasiona visitar el océano.